Barbara Cratzius

Meine allerersten Bibelgeschichten
Die Schöpfungsgeschichte

Mit Bildern von
Ute Thönissen

EDITION BÜCHERBÄR

Am Anfang schuf Gott Himmel und Erde.
Aber die Erde war wüst, leer und finster.
Doch Gott war da. Gott sprach: Es werde Licht.
Und Gott sah, dass das Licht gut war.

Gott trennte das Licht von der Dunkelheit.
Das Licht nannte Gott Tag,
und die Dunkelheit nannte er Nacht.
So wurde aus Abend und Morgen
der erste Tag.
Dieser erste Tag und die folgenden
Schöpfungstage waren viel länger,
als wir es uns vorstellen können.

Gott sprach:
Es soll ein festes Gewölbe entstehen über dem Wasser.
Er nannte das Gewölbe Himmel. Dort zogen Wolken entlang.
Gott schuf den Regen, Blitz und den krachenden Donner.
Gott sprach: Aus dem Wasser soll die Erde hervorkommen.
Steile Felsen, flache Hügel und viel grünes Land waren zu sehen.
So wurde aus Abend und Morgen der zweite Tag.

Dann sprach Gott: Auf der Erde sollen Kräuter und Gras sprießen. Bunte Blumen, Sträucher und hohe Bäume sollen wachsen.
Die Pflanzen sollen Samen hervorbringen.
Die Bäume sollen Blätter und Nadeln haben und reiche Früchte tragen. Und im Wasser soll es Schilf und Binsen geben.
So wurde aus Abend und Morgen der dritte Tag.

Und Gott sprach:
Es sollen Lichter am Himmel leuchten
und Tag und Nacht voneinander trennen.
Sie sollen ein Zeichen sein, mit dem man
Tage und Jahre und Feste bestimmen kann.
Gott schuf die strahlende Sonne für den Tag
und den hellen Mond und die Sterne für die Nacht.
So wurde aus Abend und Morgen der vierte Tag.

Und Gott sprach: Im Wasser sollen sich viele Tiere tummeln. Er schuf die flinken Delfine, große Wale und viele kleine Fische mit glänzenden Schuppen. Es gab Krebse und Krabben, leuchtende Quallen, Meeresschildkröten mit einem dicken Panzer und stachelige Seeigel.
Und Gott freute sich an den vielen Tieren.

Und Gott sprach: In der Luft sollen Vögel fliegen.
Er schuf den großen Adler, die flinken Falken, die zwitschernden Meisen und Spatzen und die krächzenden Krähen.
Die scheue Nachtigall ließ ihren Gesang erschallen und der Pfau breitete seine herrlichen bunten Federn aus.
Und Gott freute sich an den vielen schönen Vögeln.
So wurde aus Abend und Morgen der fünfte Tag.

Und Gott sprach:
Auf der Erde sollen viele Tiere leben.
Er schuf die bunt schillernden Käfer, die flinken Grashüpfer
und Eidechsen und die langsamen Schnecken.
Die fleißigen Bienen flogen von Blüte zu Blüte.
Und Gott freute sich an den vielen kleinen Tieren.

Und Gott sprach: Auch viele große Tiere sollen auf der Erde leben.
Er schuf die Wildkatzen mit dem weichen Fell, die neugierigen
Affen, die gutmütigen Büffel und die flinken Antilopen.
Er schuf die riesigen Elefanten, die brüllenden Löwen
und fauchenden Leoparden.
Und Gott freute sich an all den vielen Tieren.

Dann sprach Gott: Ich will die Menschen erschaffen.
Sie sollen mir ähnlich sein.
Und nach seinem Bild schuf er Mann und Frau.
Er segnete sie und sprach: Ihr sollt Kinder haben
und überall auf der Erde leben.
Euch und euren Kindern vertraue ich die Erde
und das Wasser mit allen Pflanzen und Tieren an.
Hütet und pflegt alles, was ich in eure Hände gelegt habe.
So wurde aus Abend und Morgen der sechste Tag.

Gott schenkte den ersten Menschen
einen wunderschönen Garten.
Die Wiesen waren wie ein warmer,
weicher Teppich mit duftenden Blumen.
Bunte Schmetterlinge und Libellen flatterten darüber.
Die Bäume trugen süße Früchte.
Die Stimmen der Vögel klangen wie Musik.

Es war so warm, dass die Menschen
nichts anzuziehen brauchten.
Alle, Mensch und Tier,
lebten in Eintracht miteinander.
Dieser Garten war wirklich ein Paradies.

Am siebenten Tag ruhte Gott aus
von allen seinen Werken.
Er segnete den siebenten Tag und sprach:
Ihr sollt diesen Tag heilig halten
und Gott für alle seine Gaben danken.